BEI GRIN MACHT SICH IHR WISSEN BEZAHLT

AF145182

- Wir veröffentlichen Ihre Hausarbeit,
  Bachelor- und Masterarbeit

- Ihr eigenes eBook und Buch -
  weltweit in allen wichtigen Shops

- Verdienen Sie an jedem Verkauf

Jetzt bei www.GRIN.com hochladen und kostenlos publizieren

Bibliografische Information der Deutschen Nationalbibliothek:

Die Deutsche Bibliothek verzeichnet diese Publikation in der Deutschen National-bibliografie; detaillierte bibliografische Daten sind im Internet über http://dnb.d-nb.de/ abrufbar.

Dieses Werk sowie alle darin enthaltenen einzelnen Beiträge und Abbildungen sind urheberrechtlich geschützt. Jede Verwertung, die nicht ausdrücklich vom Urheberrechtsschutz zugelassen ist, bedarf der vorherigen Zustimmung des Verlages. Das gilt insbesondere für Vervielfältigungen, Bearbeitungen, Übersetzungen, Mikroverfilmungen, Auswertungen durch Datenbanken und für die Einspeicherung und Verarbeitung in elektronische Systeme. Alle Rechte, auch die des auszugsweisen Nachdrucks, der fotomechanischen Wiedergabe (einschließlich Mikrokopie) sowie der Auswertung durch Datenbanken oder ähnliche Einrichtungen, vorbehalten.

Impressum:

Copyright © 2019 GRIN Verlag
Druck und Bindung: Books on Demand GmbH, Norderstedt Germany
ISBN: 9783668985926

Dieses Buch bei GRIN:

https://www.grin.com/document/489826

Felix Winter

Personal und Organisation. Auswahlgespräche, Biografischer Fragebogen, Koordination in Organisationen

GRIN Verlag

GRIN - Your knowledge has value

Der GRIN Verlag publiziert seit 1998 wissenschaftliche Arbeiten von Studenten, Hochschullehrern und anderen Akademikern als eBook und gedrucktes Buch. Die Verlagswebsite www.grin.com ist die ideale Plattform zur Veröffentlichung von Hausarbeiten, Abschlussarbeiten, wissenschaftlichen Aufsätzen, Dissertationen und Fachbüchern.

Besuchen Sie uns im Internet:

http://www.grin.com/

http://www.facebook.com/grincom

http://www.twitter.com/grin_com

Einsendeaufgaben

Zum Modul Personal und Organisation

Eingereicht am 30.05.2019

SRH Fernhochschule

Modul: Personal und Organisation

Studiengang: 132 (B. Sc.) Wirtschaftspsychologie

Von

Felix Winter

Studiengang: 132 (B. Sc.) Wirtschaftspsychologie

Abkürzungsverzeichnis

DIN   Deutsches Institut für Normung

Aufgabenteil 1

Auswahlgespräche sind seit jeher ein relevantes und beliebtes Mittel der Personalauswahl. Fast jedes Bewerbungsverfahren für Arbeitsplätze mittlerer und höherer Qualifikation beinhaltet ein Auswahl-/Bewerbungsgespräch; Personaler beziehen einen Großteil ihres Eindrucks von Bewerbern aus solchen persönlichen Gesprächen und diese werden in Untersuchungen auch von Bewerbern in einem positiveren Licht gesehen als beispielsweise psychologische Tests (Fruhner, Funke, Moser & Schuler, 1991, S. 170-178; Half, 2016). Validität, Praktikabilität und Akzeptanz werden von Personalern höher eingeschätzt als bei vielen anderen Verfahren (Boramir, Hell, Schaar & Schuler, 2006, S. 71). In der internen Personalauswahl wenden laut Boramir et al. bis zu 94% der Unternehmen Interviews in der einen oder anderen Form an (2006, S. 64).

In dieser Einsendeaufgabe werden die Begriffe „Interview", „Auswahlgespräch" und „Bewerbungsgespräch" synonym verwendet. In der Praxis existieren selbstverständlich viele verschiedene Arten solcher Gespräche, worauf weiter unten im Text auch eingegangen wird. Auswahlgespräche haben nicht nur für den Arbeitgeber Vorteile: der Informationsaustausch erfolgt in Interviews beidseitig. Der Bewerber lernt das Unternehmen mit seiner Kultur kennen, und kann sich ein Bild von der offenen Stelle mitsamt ihren Anforderungen und Chancen machen. Somit erhält der Bewerber mehr Informationen, auf deren Basis er dann eine Entscheidung in Bezug auf ein mögliches Angebot treffen kann.

Wenn die im Unternehmen *Time* durchgeführten Auswahlgespräche also auf Unmut unter den Bewerbern stoßen, sollte dies durchaus Anstoß zu einer Nachforschung und darauf aufbauend zu einer Verbesserung des Verfahrens geben. Bevor jedoch eine konkrete Evaluation der im Unternehmen angewendeten Verfahren erfolgt, lohnt sich eine Auseinandersetzung mit den bekannten Kritikpunkten an persönlichen Gesprächen als Auswahlverfahren: Bewerbungsgespräche als Auswahlverfahren haben nämlich trotz ihrer Beliebtheit und häufigen Anwendung auch offensichtliche Schwächen. So finden Studien und Metaanalysen gerade bei unstrukturierten Interviews geringe Vorhersagevaliditäten in Bezug auf zukünftige Arbeitsbeurteilungen (Huffcut & Arthur, 1994, S. 189-190). Des Weiteren zeigen verschiedene Arten von Auswahlgesprächen auch differierende Validitäten in Bezug auf unterschiedliche Konstrukte (Moscoso & Salgado, 2002, S. 299). Auch die Konstruktvalidität kann bei Auswahlgesprächen also in Frage gestellt werden.

Dass die Objektivität ebenso bei allen Formen des Auswahlgespräches in Frage gestellt werden kann, überrascht nicht weiter: Die Person des durchführenden Interviewers und die Eigendynamik der Interaktion zwischen diesem und dem Bewerber kann die Urteilsbildung ungewollt beeinflussen. Als ein Beispiel sei hier der sogenannte Halo-Effekt genannt, nach dem eine positiv auffallende Eigenschaft eines Bewerbers andere, negative Eigenschaften „überstrahlen" kann. Außerdem können jegliche Vorurteile des Interviewers zur Geltung kommen: in einer Studie fanden Dugoni, Pingitore, Spring & Tindale, dass übergewichtige Frauen signifikant geringere Chancen hatten, in Auswahlgesprächen positiv beurteilt zu werden (1994). Angesichts der gesellschaftlichen Aktualität von Themen wie Geschlechterdiskriminierung oder Rassismus soll an dieser Stelle auf solche Vorurteile nicht weiter eingegangen werden. Es wird an dieser Stelle nur angemerkt, dass eine Vielzahl an psychologischen Effekten und anderen Faktoren die Objektivität von persönlichen Auswahlgesprächen gefährdet. Bei Werth (2004, S. 109-156) sowie Franke-Berthold, Kersting & Strobel (2018, S. 80-82) finden sich zahlreiche solcher Faktoren und Effekte, die die Wahrnehmung und Beurteilung anderer Menschen beeinflussen können.

Im Folgenden wird nun diskutiert, welche Möglichkeiten existieren, auf die konkrete Kritik an den Auswahlgesprächen des Unternehmens *Time* zu reagieren. Die Bewerberkritik lässt die beiden Punkte „Unterschiede zwischen einzelnen Interviews" sowie „Ärger über die Durchführung der Interviews" erkennen. Diese Kritikpunkte lassen vermuten, dass bis jetzt freie Gespräche verwendet wurden, die nicht standardisiert (strukturiert) durchgeführt wurden. Damit werden die Reliabilität und Objektivität des Auswahlverfahrens verletzt. Unter anderem konnte eine Studie von Maurer die Reliabilitätssteigerung eines strukturierten Verfahrens zeigen (2006, S. 307). Auch Objektivität und Vorhersagevalidität werden maßgeblich durch Strukturierung von Auswahlgesprächen erreicht (Moscoso, 2000,

S. 237; Culbertson, Huffcutt & Weyhrauch, 2013, S. 274-276). Die Kritik der Bewerber ist also gut verständlich.

An dieser Stelle kann man in dem Fall des Unternehmen *Time* auch den Ansatz verfolgen, strukturierte Evaluationen der Auswahlgespräche von den interviewten Kandidaten einzuholen, um die einzelnen Kritikpunkte zu konkretisieren. So kann man die Verbesserung des Interviewprozesses zielgerichteter angehen. In unserem Falle lässt sich vermuten, dass auf den Kritikpunkt „Ärger über die Art, wie die Interviews geführt werden" zumindest zu einem Teil durch eine bessere Planung des Auswahlprozesses effektiv reagiert werden kann. Des Weiteren richtet sich der Kritikpunkt aber wohl auch an die Interviewer. Dem kann möglicherweise durch ein qualifizierendes Training vorgebeugt werden. Huffcutt und Woehr vermuten, dass Trainings der Interviewenden durch die Erhöhung der Konsistenz zwischen den Interviewenden zur besseren Erfüllung der wissenschaftlichen Gütekriterien beitragen könnten (Huffcutt & Woehr, 1997, S. 549-550). „Ein Training sollte sich an diesen Anforderungen [gemeint sind Qualifikationsanforderungen der Interviewer nach DIN 33430 Norm, Anm. d. Verf.] ausrichten und entsprechend z.B. auf die Themen Interviewklassifikationen, Handhabung von Interviewleitfäden, Frage- und Formulierungstechniken oder die rechtliche Zulässigkeit von Fragen eingehen" (Franke-Berthold, Kersting & Strobel, 2018, S. 76).

Bevor man sich nun im Rahmen der Verbesserung der Gesprächsdurchführung für konkrete Methoden des Auswahlgespräches entscheidet, sollte nach dem Diagnostik- und Testkuratorium „Klarheit über Ziele, Rahmenbedingungen und Konsequenzen des geplanten Vorgehens hergestellt werden […]" (Franke-Berthold, Kersting & Strobel, 2018, S. 72). Weiterhin solle eine Anforderungsanalyse ausgeführt werden: eine solche Analyse kann bei der Formulierung „anforderungsbezogener Fragen" helfen, sowie bei der Entscheidung für Auswertungs- und Beurteilungsinstrumente helfen (Franke-Berthold, Kersting & Strobel, 2018, S. 72). Hier kann angemerkt werden, dass eine Anforderungsanalyse meist schon seitens der Personalabteilung zum Zweck der kompetenten Stellenausschreibung existiert. Schließlich erfolgt die Erstellung eines Interviewleitfadens, in dem dann auch die konkreten Fragen sowie die allgemeine Struktur des Auswahlgesprächs vorgegeben sind. „Grob umrissen sollte jeder Leitfaden aus einer Gesprächseinleitung, einem Hauptteil zur Erhebung der Eignungsmerkmale sowie einem Gesprächsabschluss bestehen" (Franke-Berthold, Kersting & Strobel, 2018, S. 73). Ein solcher Leitfaden sorgt dafür, dass die gestellten Fragen aussagekräftig sind und erleichtert dem Interviewenden die spontane Beurteilung, ob die Antwort genügend Informationen für die Auswertung bereitstellt. Der im Leitfaden festgehaltene Ablauf eines Auswahlgespräches könnte sich wie im Folgenden geschildert darstellen:

Nach der Einleitung des Gespräches durch eine kurze Begrüßung und Vorstellung des/der Interviewenden sowie Darstellung des Gesprächsablaufes wird der Kandidat gebeten, sich und seinen Werdegang vorzustellen sowie seine Motivation für die Bewerbung auf den Arbeitsplatz darzulegen.

Im darauffolgenden Hauptteil des Interviews werden solche Fragen gestellt, deren Informationsgewinn ein valider Prädiktor für die in der Anforderungsanalyse aufgezeigten eignungsdiagnostischen Merkmale ist. Schon im Interviewleitfaden können auch mögliche Antworten und Gegenfragen antizipiert und Möglichkeiten des Nachhakens angeboten werden. Zur besseren Einschätzung der Reliabilität könnte im Hauptteil des Interviews die „split-half" Methode verwendet werden, indem ähnliche Fragen nochmals gestellt und die Antworten verglichen werden.

Heutzutage werden meist zwei Arten von Fragen in Auswahlgesprächen verwendet. Auf der einen Seite gibt es die sogenannten „behavioralen" Fragen. Diese beziehen sich auf in der Vergangenheit vom Bewerber gezeigtes Verhalten (auch „Critical Incidence Technique"): „Vor welchen Problemen standen Sie in der Vergangenheit? Wie sind Sie damit umgegangen? Wie wirkte sich die Implementierung Ihrer Lösungen aus?" Es handelt sich bei behavioralen Fragen also um biografiebezogene Fragen nach dem Modell des „Verhaltensdreiecks" (Reinhardt, 2016, S. 65-66).

Auf der anderen Seite werden häufig „situative" Fragen gestellt. Diese Art von Frage bezieht sich nicht auf vergangenes Verhalten, sondern gibt dem Kandidaten vielmehr eine imaginäre Situation vor, für die er dann seine Lösungsstrategie und Reaktion darlegen soll. Es handelt sich also um die Simulation einer möglichen Situation im Arbeitsalltag der zu besetzenden Stelle. Diese Fragen haben den Vorteil, dass sie dem Kandidaten gleichzeitig zeigen, welche Herausforderungen an dem Arbeitsplatz auf ihn zukommen könnten (Reinhardt, 2016, S. 66).

Neben diesen Arten der Fragestellung ist im Hauptteil des Auswahlgespräches auch ein Teil als freies Gespräch denkbar. Außerdem kann durch Fragen nach den Vorstellungen des Bewerbers bezüglich der Stelle sowie das realistische Darstellen der Anforderungen durch den Interviewer festgestellt werden, ob der Arbeitsplatz den Vorstellungen des Bewerbers entspricht. Schließlich können auch praxisorientiertere Methoden verwendet werden (Franke-Berthold, Kersting & Strobel, 2018, S. 73). Dazu gehören Rollenspiele, die Bearbeitung von Fallstudien oder in technischen Berufen gar die Bearbeitung realer Aufgaben (diese Möglichkeit kann bis zu einem sogenannten „Probearbeiten" ausgeweitet werden).

Gegen Ende des Auswahlgespräches können Informationen über Gehaltsvorstellungen und andere „Eckdaten" des Beschäftigungsverhältnisses (Datum des Arbeitsbeginns, Karriereprogression, ...) ausgetauscht werden. Schließlich sollte auch noch Zeit bleiben, um auf Fragen des Bewerbers einzugehen.

Hier lässt sich außerdem anmerken, dass auch die gute Planung einer reibungslosen und für die Bewerber angenehmen praktischen Durchführung zu einer verbesserten Wahrnehmung des Prozesses bei Bewerbern führen kann: Wo sollen die Gespräche stattfinden? Ist dort für Ruhe gesorgt, können Störungen ausgeschlossen werden? Ist genügend Zeit (auch für Pausen und Fragen der Bewerber) eingeplant?

Als letzten Punkt kann man schließlich festhalten, dass auch die Auswertung der Auswahlgespräche selbstverständlich nach wissenschaftlichen Gütekriterien erfolgen sollte. Auch hier können vorab festgelegte Regeln und Schemata helfen. Schon die Strukturierung der Gespräche an sich sorgt für eine vereinfachte Auswertung. Nachdem jedoch in diesem konkreten Fall eher die Durchführung im Mittelpunkt steht, wird die Auswertung nicht weiter behandelt.

Aufgabenteil 2

Biografische Fragebögen werden in der klinischen Psychologie sowie der Eignungsdiagnostik verwendet, um zukünftiges Verhalten vorherzusagen. Beim Einsatz biografischer Fragebögen wird grundsätzlich davon ausgegangen, dass vergangenes Verhalten/dem Befragten widerfahrene Ereignisse mit zukünftigem Verhalten korrelieren (Reinhardt, 2016, S. 70-71).

Bei den in biografischen Fragebögen erfassten sogenannten „L-Daten" (englisch: „biodata") soll es sich also um mit zukünftigem Verhalten (und dementsprechend in der Personalauswahl mit dem Berufserfolg) korrelierende Daten handeln. Die Fragen zielen dabei meist auf überprüfbare Fakten ab, die aber immer in das Leben des Beantwortenden eingeordnet werden. Solche überprüfbaren Fakten werden auch „harte" Items genannt. Manchmal kommen jedoch auch Items zum Einsatz, die sich auf Meinungen, Einstellungen oder andere nicht-überprüfbare persönliche Daten beziehen. Solche Items werden auch „weiche" Items genannt.

Abgefragt werden können dabei unter anderem: Familienstand und Informationen zu Eltern, Wohnverhältnisse, Finanzlage, Gesundheitszustand, Ausbildung in Schule und Hochschule, Berufswahlmotive, Berufserfahrung, sonstige Aktivitäten, welche mit dem Beruf in Zusammenhang stehen (Konferenzen, Präsentationen...), Interessen, Freizeitaktivitäten sowie freiwilliges Engagement in Vereinen (Weuster, 1987, S. 409). Mögliche Fragen zur Beurteilung eines Veterinärpharmakologen könnten also lauten: „Wie viele Konferenzen zum Thema Veterinärmedizin/-pharmazie haben Sie besucht? Welches Medikament wäre Ihrer Erfahrung nach für die Behandlung der Krankheit XYZ geeignet? Seit wann beschäftigen Sie sich mit Veterinärmedizin/-pharmakologie?"

Die Fragen werden meist in Form von Multiple-Choice-Verfahren beantwortet, und die Skala lässt oft Antworten von 1 („stimme gar nicht zu" oder vergleichbare Antworten) bis 5 („stimme voll zu" oder vergleichbare Antworten) zu (Office of Personnel Management, 2019). Seit der rechtliche Schutz von Arbeitnehmern in Deutschland zugenommen hat, ist die Abfrage einiger sehr privater Daten jedoch nicht mehr legal.

Die Fragen werden so gestaltet, dass die Antworten möglichst klar auf eine Ausprägung des zukünftig gewünschten Verhaltens hinweisen, dass also Kandidaten mit der gewünschten Eigenschaft sie möglichst anders beantworten als solche ohne diese Eigenschaft (Reinhardt, 2016, S. 70).

So werden biografische Fragebögen entworfen, indem Fragen, von denen man sich eine solche möglichst differenzierende Beantwortung erhofft, an zwei Gruppen von Menschen gestellt werden: eine Gruppe, bei der die gewünschte Eigenschaft (in der Personalauswahl ist dies normalerweise der Berufserfolg/die Berufsleistung) möglichst positiv ausgeprägt ist, und eine Gruppe von Menschen, die diese Eigenschaft nicht besitzen. Die Fragen werden dann an Hand dieser Gruppe „getestet", und Fragen, deren Beantwortung mit der Ausprägung der Eigenschaft korreliert, werden in den Fragebogen aufgenommen (Weuster, 1987, S. 410). Schließlich wird (bei solchen Fragen, für die eine Korrelation gefunden wurde) aus der Stärke der Korrelation der Antwort auf eine Frage ein bestimmter Punktwert abgeleitet, die ein Kandidat für diese konkrete Antwort bekommt. Beantwortet nun ein Kandidat alle Fragen, werden die Punktwerte addiert, und das Ergebnis soll dann darstellen, wie wahrscheinlich bei dem Kandidaten eine hohe Ausprägung der gewünschten Eigenschaft ist.

Die Validität von biografischen Fragebögen muss nach Konzeption immer erst durch Anwendung an realen Testgruppen getestet werden. Da für jede Stelle ein neuer Fragebogen entworfen werden muss, ist es nicht möglich, einem beliebigen Fragebogen vorher eine hohe oder niedrige Validität zu unterstellen. An Hand der Testgruppen werden schließlich nicht valide Fragen aussortiert, der Fragebogen wird sozusagen auf die gewünschten Kriterien bezogen „valide gemacht" (Weuster, 1987, S. 410). So können sich für einzelne Kriterien des Fragebogens stark unterschiedliche Validitäten herausbilden. Jedoch ergibt sich durch das Konzeptionsverfahren bei wiederholtem Testen und Verbessern der Fragebögen schnell eine höhere Validität für den gesamten Fragebogen, womit man dann also bei fertiggestellten Fragebögen zumindest keine allzu schlechte Validität vermuten dürfte. Dies konnte bestätigt werden: So ergaben sich in mehreren Metaanalysen gute Werte für die alleinstehende Validität von biografischen Fragebögen bezogen auf berufliche Leistung (Hunter & Schmidt, 1998, S. 269; Erwin, Owens, Rothstein, Schmidt & Sparks, 1990, S. 175; Asher, 1972, S. 251-

269). Hunter & Hunter stellen fest: „For entry-level jobs, biodata predictors have been known to have validity second in rank to that of measures of ability" (Hunter & Hunter, 1984, S. 87).

Außerdem lässt sich sagen, dass biografische Daten allgemein nicht weniger valide als andere Methoden bezogen auf den Berufserfolg sind: So ergeben sich laut einer Studie von Chao & Reilly für „biodata" (L-Daten) wie sie in biografischen Fragebögen abgefragt werden „validities substantially equal to those for standardized tests" (1982, S. 1).

Es lässt sich also verallgemeinern, dass biografische Daten eine gute Vorhersagevalidität bezüglich der Berufsleistung besitzen. Ein gut konstruierter biografischer Fragebogen mit richtig ausgewählten Items weist dementsprechend auch für den konkreten Arbeitsplatz eine hohe Validität auf. Auf Grund der rein korrelativen Vorhersagekraft von biografischen Fragebögen kann abschließend noch gesagt werden, dass sich die Diskussion der Validität bei biografischen Fragebögen ausschließlich auf die Kriteriumsvalidität, genauer die Vorhersagevalidität, bezieht. Die Konstruktvalidität kann nicht gegeben sein, da die kausalen Zusammenhänge zwischen biografischen Daten und Berufsleistung/-erfolg gar nicht erst betrachtet werden.

Da sich der biografische Fragebogen nur die Korrelation zwischen bestimmten Daten und Berufserfolg zu Nutze macht, und die zugrunde liegenden kausalen Zusammenhänge außer Acht lässt, findet man hier auch einen ersten Kritikpunkt. Weuster formuliert: „Ein [...] Problem von biografischen Fragebögen ist ihre fehlende theoretische Basis. Pointierend kann man sagen, dass biografische Fragebögen (möglicherweise) funktionieren, man aber nicht genau weiß, warum dies so ist" (1987, S. 409).

Da jede Stelle ein unterschiedliches Anforderungsprofil hat (also unterschiedliche gewünschte Eigenschaften/Verhaltensweisen), muss außerdem für jede Art von Stelle ein neuer Fragebogen entworfen werden. Dies bedeutet, dass es sich aus Kostengründen nur für Arbeitsplätze mit einer „hohen Zahl an Parallelstellen" lohnt, den biografischen Fragebogen als eignungsdiagnostisches Mittel einzusetzen (Weuster, 1987, S. 409).

Aufgabenteil 3

Frage 1

Eine Möglichkeit der Reduzierung des Koordinationsbedarfs ist die Abteilungsbildung. Bei *Time* könnten eng verwandte Arbeitsplätze zu einer Abteilung zusammengefasst werden, der dann ein Abteilungsleiter vorgesetzt wird. Somit existiert dann eine zentrale Anlaufstelle zur Koordination. Die einzelnen Mitarbeiter können sich auf ihre Aufgabe konzentrieren, während die Koordination innerhalb der Abteilung und mit anderen Abteilungen der Abteilungsleiter übernimmt. Es wird erkennbar, dass Abteilungsbildung nach dem Homogenitätsprinzip erfolgen sollte: nur solche Arbeitsplätze werden zu einer Abteilung zusammengefasst, die eine hohe Ähnlichkeit bezüglich der zugeordneten Aufgaben aufweisen (Schulte-Zurhausen, 2014, S. 210). Gleichzeitig gilt das Beherrschbarkeitsprinzip: Der Abteilungsleiter sollte nur so viele Mitarbeiter unter sich haben, dass er noch alle seine Führungs- und Koordinationsaufgaben erfüllen kann (Schulte-Zurhausen, 2014, S. 210).

Auf den Koordinationsbedarf haben auch die „zu überwindenden Distanzen in räumlicher, zeitlicher, sachlicher und menschlicher Hinsicht" einen Einfluss (Schulte-Zurhausen, 2014, S. 232). Der Koordinationsbedarf könnte also im Fall von *Time* reduziert werden, indem die Produktions- und/oder Entwicklungsstätten räumlich näher zusammengelegt werden. So ist die Organisation flexibler und die Kommunikationswege kürzer. Die Mitarbeiter kommunizieren automatisch mehr miteinander, die Koordination funktioniert also ganz von allein (Allen, 1988, S. 241).

Des Weiteren könnte der Koordinationsbedarf reduziert werden, wenn nur noch bei Abweichungen von vorgegebenen Standards mit anderen Abteilungen abgestimmt wird: Es werden Standards, Bandbreiten und Zielbereiche vorgegeben, bei deren Erreichung die weitere Koordination nicht notwendig ist. Jedoch kann dies zu einer Verminderung der Qualität des Produktes führen, wenn Standards abgesenkt und Bandbreiten ausgeweitet werden, um den Koordinationsbedarf so weiter zu senken (Pietsch & Scherm, 2007, S. 201). Damit verbunden ist eine generelle Absenkung der Ansprüche an das Gesamtergebnis des Unternehmens (Rentabilität, Qualität, ...) ebenfalls ein mögliches Mittel, um den Koordinationsaufwand zu reduzieren. Vor der Implementierung solcher Mittel sollte jedoch der Gewinn durch verringerten Koordinationsaufwand dem Verlust durch die niedrigeren Ansprüche gegenübergestellt werden.

Als letzte Möglichkeit, den Koordinationsaufwand zu reduzieren soll hier der Einsatz flexibler Ressourcen oder von Reserveressourcen genannt werden. Durch Mitarbeiter, deren Qualifikationen verschiedene Bereiche umfassen, oder Maschinen, die leicht für die Produktion anderer Teile umgerüstet werden können, „sinken die Abhängigkeit einer Einheit von Störungen oder Schwankungen anderer Bereiche und damit die Notwendigkeit der Koordination" (Pietsch & Scherm, 2007, S. 201). Auch der Vorbehalt zusätzlicher Ressourcen oder das vermehrte Nutzen vorhandener Ressourcen (Reservemaschinen, Überstunden, verlängerte Maschinenlaufzeiten, ...) können den gleichen Effekt haben (Pietsch & Scherm, 2007, S. 201). Jedoch geht diese Möglichkeit meist mit erhöhten Kosten einher. Wieder gilt es, den Gewinn durch reduzierten Koordinationsbedarf und die Kosten zu vergleichen.

Frage 2

Die Koordinationsinstrumente lassen sich grob auf zwei Ebenen in vier Gruppen einteilen. Dabei erfolgt zuerst eine Einteilung in personenorientierte Instrumente auf der einen Seite und unpersönlich-technokratische Instrumente auf der anderen Seite (Frör, Merk & Schick, 2016, S. 27).

Die personenorientierten Koordinationsinstrumente lassen sich weiter einteilen in persönliche Weisungen sowie Selbstabstimmung. Bei den unpersönlich-technokratischen Instrumenten kann zwischen Plänen und Programmen unterschieden werden.

Persönliche Weisungen werden im Rahmen der personenorientierten Koordinationsinstrumente zur Voraus- und zur Feedbackkoordination eingesetzt. Im Sinne der Vorauskoordination werden Anweisungen von den höheren Ebenen über die Hierarchiestruktur bis zu den Mitarbeitern der operativen Ebene weitergegeben.

Wenn die Mitarbeiter nun in die andere Richtung der Hierarchie die Information weitergeben, dass die Koordination nicht gut funktioniert, kann im Sinne der Feedbackkoordination von den Mitarbeitern höherer Hierarchieebenen entschieden werden, wie nun reagiert wird, um die notwendige Koordination wiederherzustellen. Der Informationsfluss folgt immer den Hierarchiestrukturen, während aber den Mitarbeitern der operativen Ebene die Ausgestaltung der Anweisungen angetraut wird. Persönliche Weisungen haben den Vorteil, dass durch den Spielraum bei der Weitergabe/Ausführung der Weisungen eine gewisse Flexibilität vorhanden ist. Jedoch kommt es zu einer hohen Belastung der Kommunikationswege entlang der Hierarchiestrukturen (Frör, Merk & Schick, 2016, S. 27).

Pläne gehören zu den unpersönlich-technokratischen Koordinationsinstrumenten. Sie geben für kürzere Perioden Vorgaben zur Koordination an operative Stellen. Der Einsatz von Plänen und dem anderen unpersönlich-technokratischen Koordinationsinstrument, den Programmen, ist eng verwandt; Pläne richten sich meist an den (allgemeiner und zeitlich längerfristig gehaltenen) Programmen und der danach erfolgenden Planung aus (Frör, Merk & Schick, 2016, S. 28). Im Gegensatz zu Programmen geben Pläne außerdem nicht unbedingt Verfahren vor, jedoch immer Ziele.

Allgemein gilt, dass Koordinationsinstrumente immer nebeneinander eingesetzt werden müssen. Während Vorauskoordination den Bedarf an Mitteln der Feedbackkoordination minimieren kann, kann die Feedbackkoordination niemals eliminiert werden. Da die unpersönlich-technokratischen Instrumente der Koordination nur der Vorauskoordination dienen, müssen also zwingend auch personenorientierte Koordinationsinstrumente angewendet werden (Pietsch & Scherm, 2007, S. 199-215).

Literaturverzeichnis

Allen, T. J. (1988). *Managing the flow of technology: Technology transfer and the dissemination of technological information within the R&D organization*, 4. Auflage. Cambridge: MIT Press.

Asher, J. J. (1972). The biographical item: Can it be improved? *Personnel Psychology, 25(2)*, 251-269. http://dx.doi.org/10.1111/j.1744-6570.1972.tb01102.x

Boramir, I., Hell, B., Schaar, H. & Schuler, H. (2006). Verwendung und Einschätzung von Verfahren der internen Personalauswahl und Personalentwicklung im 10 Jahres-Vergleich. *Zeitschrift für Personalforschung, 20(1)*, 58-78.

Chao, G. R. & Reilly, R. R. (1982). Validity and fairness of some alternative employee selection procedures. *Personnel Psychology, 35(1)*, 1-62. https://doi.org/10.1111/j.1744-6570.1982.tb02184.x

Culbertson, S. S., Huffcutt, A. I. & Weyhrauch, W. S. (2013), Interview Reliability. *International Journal of Selection and Assessment, 21(3)*, 264-276. doi:10.1111/ijsa.12036

Dugoni, B. L., Pingitore, R., Spring, B. & Tindale, R. S. (1994). Bias against overweight job applicants in a simulated employment interview. *Journal of Applied Psychology, 79(6)*, 909-917. http://dx.doi.org/10.1037/0021-9010.79.6.909

Erwin, F. W., Owens, W. A., Rothstein, H., Schmidt, F. L. & Sparks, C. P. (1990). Biographical Data in Employment Selection: Can Validities Be Made Generalizable? *Journal of Applied Psychology, 75(2)*, 175-184. doi:10.1037/0021-9010.75.2.175.

Franke-Berthold, L., Kersting, M. & Strobel, A. (2018). Eignungsinterviews/direkte mündliche Befragungen. In Diagnostik- und Testkuratorium (Hrsg.), *Personalauswahl kompetent gestalten* (S. 65-93). Berlin: Springer.

Frör, C., Merk, J. & Schick, D. (2016). Organisationsstrukturen, 3. Aufl., Studienbrief der SRH Fernhochschule, Riedlingen.

Fruhner, R., Funke, U., Moser, K. & Schuler, H. (1991). Einige Determinanten der Bewertung von Personalauswahlverfahren. *Zeitschrift für Arbeits- und Organisationspsychologie, 35 (4)*, 170-178. https://doi.org/10.1177/239700220602000106

Huffcutt, A. I. & Woehr, D. J. (1999). Further analysis of employment interview validity: a quantitative evaluation of interviewer-related structuring methods. *Journal of Organizational Behavior, 20(4)*, 549-561. https://doi.org/10.1002/(SICI)1099-1379(199907)20:4%3C549::AID-JOB921%3E3.0.CO;2-Q

Huffcutt, A. I., & Arthur, W. (1994). Hunter and Hunter (1984) revisited: Interview validity for entry-level jobs. *Journal of Applied Psychology, 79(2)*, 184-190. http://dx.doi.org/10.1037/0021-9010.79.2.184

Hunter, J. E. & Hunter, R. F. (1984). Validity and Utility of Alternative Predictors of Job Performance. *Psychological Bulletin, 96(1)*, 72-98. doi:10.1037/0033-2909.96.1.72

Hunter, J. E. & Schmidt, F. L. (1998). The Validity and Utility of Selection Methods in Personnel Psychology: Practical and Theoretical Implications of 85 Years of Research Findings. *Psychological Bulletin, 124(2)*, 262-274. doi:10.1037/0033-2909.124.2.262

Maurer, S. D. (2006). A Practicioner-Based Analysis of Interviewer Job Expertise and Scale Format as Contextual Factors in Situational Interviews. *Personnel Psychology, 55(2)*, 307-327. https://doi.org/10.1111/j.1744-6570.2002.tb00112.x

Moscoso, S. (2000). Selection Interview: A Review of Validity Evidence, Adverse Impact and Applicant Reactions. *International Journal of Selection and Assessment, 8(4)*, 237 - 247. https://doi.org/10.1111/1468-2389.00153

Moscoso, S. & Salgado, J. F. (2002). Comprehensive meta-analysis of the construct validity of the employment interview. *European Journal of Work and Organizational Psychology, 11(3)*, 299-324. https://doi.org/10.1080/13594320244000184

Pietsch, G. & Scherm, E. (2007). Organisation (1. Aufl.). München: Oldenbourg.

Reinhardt, R. (2016). Personalmanagement, 4. Aufl., Studienbrief der SRH Fernhochschule, Riedlingen.

Schulte-Zurhausen, M. (2014). Organisation (6. Aufl.). München: Franz Vahlen.

Werth, L. (2004). Psychologie für die Wirtschaft (1. Aufl.). Berlin: Spektrum Akademischer Verlag.

Weuster, A. (1987). Der Biographische Fragebogen (BF) als Instrument der Personalauswahl. Zeitschrift für Personalforschung, 1(4), 409-434. https://doi.org/10.1177%2F239700228700100403

Internetquellen

Greif, S. (2019). Biografische Fragebogen. In M. A. Wirtz (Hrsg.), Dorsch – Lexikon der Psychologie. Abgerufen am 29.05.2019 unter https://portal.hogrefe.com/dorsch/biografische-fragebogen/

Half, R. (2016). Kriterien für Personalverantwortliche bei Einstellungsentscheidungen in der Schweiz. In Statista - Das Statistik-Portal. Zugriff am 27.05.2019 unter https://de.statista.com/statistik/daten/studie/597520/umfrage/kriterien-bei-einstellungsentscheidungen-in-der-schweiz/

United States Office of Personnel Management (2019). Assessment & Selection: Other Assessment Methods: Biographical Data (Biodata) Tests. Abgerufen am 29.05.2019 unter https://www.opm.gov/policy-data-oversight/assessment-and-selection/other-assessment-methods/biographical-data-biodata-tests/

BEI GRIN MACHT SICH IHR WISSEN BEZAHLT

- Wir veröffentlichen Ihre Hausarbeit,
  Bachelor- und Masterarbeit

- Ihr eigenes eBook und Buch -
  weltweit in allen wichtigen Shops

- Verdienen Sie an jedem Verkauf

Jetzt bei www.GRIN.com hochladen
und kostenlos publizieren